W0077289

TEA
TIME

Jan Thorbecke Verlag

INHALT

Auf der süßen Seite des Lebens 5

Scones mit Lemon Curd 6

Cranberry-Shortbread-Herzen 8

Rosen-Shortbread 10

Fruchtige Shortbread-Röllchen 13

Walnuss-Karamell-Schnitten 14

Schokoladen-Whoopie-Pies 16

Rosen- und Erdbeer-Macarons 19

Himbeer-Baiser-Gebäck 20

Passionsfrucht-Biskuit-Küchlein 22

Heidelbeerküchlein 25

Himbeer-Limetten-Madeleines 26

Holunder-Cupcakes 28

Karamell-Eclairs 31

Mini-Gugelhupf mit Honig 32

Erdbeer-Cheesecake 34

Cassis-Törtchen 36

Himbeer-Pekannuss-Törtchen 39

Orangen-Törtchen 40

Rhabarber-Streusel-Tartelettes 42

Zitronen-Tartelettes 45

Schokoladen-Gewürz-Tartelettes 46

Schokoladenrolle 48

Zitronen-Gugelhupf 50

Earl-Grey-Kuchen 53

Battenberg-Kuchen 55

Marmeladenkuchen 56

Kastanien-Birnen-Kuchen 58

Möhren-Ingwer-Torte 61

Victoria-Sponge-Cake 62

AUF DER SÜSSEN SEITE DES LEBENS

Die süße Seite des Lebens ist doch einfach die Schönste: Eine feine Tasse Tee, dazu edles Gebäck – eine Tea Time zu zelebrieren streichelt die Seele und lässt Sie für einen Moment die Welt um sich herum vergessen.

Diese wunderbare Tradition entstand Mitte des 19. Jahrhunderts in der britischen Adelsgesellschaft. Als Erfinderin gilt Herzogin Anna von Bedford, eine Vertraute von Königin Victoria. Zur damaligen Zeit war es üblich, nur morgens und abends zu speisen. Eines Nachmittags fühlte sich die Herzogin so schwach vor Hunger, dass sie sich Tee und Gebäck servieren ließ. Das gefiel ihr so sehr, dass sie diese feine Zwischenmahlzeit regelmäßig zelebrierte und auch Gäste dazu einlud. Zunächst verbreitete sich die Tea Time in gehobenen Kreisen und später über alle Gesellschaftsschichten hinweg: Eine große kulinarische Tradition war geboren!
Mit den liebevoll ausgewählten süßen Rezepten in diesem Büchlein können Sie Ihre ganz individuelle Tea Time gestalten. Ob Sie traditionelles britisches Gebäck wie Scones, Shortbread oder den Victoria-Sponge-Cake lieben oder Ihr Herz an Macarons, Whoopie Pies oder Cupcakes verloren haben – Sie werden ganz bestimmt fündig werden. Vielleicht möchten Sie demnächst Ihre Liebsten zu einer stilechten Tea Time einladen, den Tisch mit edlem Porzellan decken und eine Auswahl an süßen Leckereien präsentieren? Mit frisch gebackenen Scones, fruchtigen Heidelbeerküchlein und einer prunkvollen Möhren-Ingwer-Torte werden Sie Ihre Gäste ganz bestimmt beeindrucken. Oder Sie backen Ihr Lieblingsshortbread, bewahren es in einer hübschen Dose auf und gönnen sich, wann immer Sie mögen, Ihren ganz privaten Genussmoment. Lassen Sie sich inspirieren und tauchen Sie ein in die süße Welt der Tea Time!

SCONES MIT LEMON CURD

Frisch gebackene Scones dürfen bei einer klassischen Tea Time nicht fehlen. Zusammen mit dem süß-sauren Lemon Curd sind sie ein wahrhaft königlicher Genuss!

➳ **FÜR CA. 10–12 STÜCK**

Für das Lemon Curd:
2 UNBEHANDELTE ZITRONEN
1–2 UNBEHANDELTE LIMETTEN
60 G BUTTER
150 G ZUCKER
2 EIER

Für die Scones:
225 G MEHL
1 TL BACKPULVER
1 TL ZUCKER
½ TL SALZ
50 G BUTTER
CA. 150 G JOGHURT
MEHL, ZUM ARBEITEN
1 EIGELB

1) ➳ Für das Lemon Curd die Schale der Zitrusfrüchte abreiben. Den Saft auspressen und durch ein Sieb gießen. Die Butter über einem Wasserbad mit dem Zucker, der Zitrusschale und dem Saft verrühren, bis die Butter geschmolzen ist. Die Eier verquirlen, nach und nach dazugeben und die Masse cremig rühren. Das Lemon Curd passieren und im Kühlschrank auskühlen lassen. **2)** ➳ Den Backofen auf 220 °C Ober- und Unterhitze vorheizen. **3)** ➳ Für die Scones das Mehl mit dem Backpulver, dem Zucker, dem Salz, der Butter und so viel Joghurt verkneten, bis der Teig geschmeidig ist. Den Teig auf einer leicht bemehlten Arbeitsfläche etwa 2 cm dick ausrollen. Anschließend Kreise (ca. Ø 5 cm) ausstechen und diese auf ein mit Backpapier ausgelegtes Backblech legen. Das Eigelb verquirlen und die Kreise damit bepinseln. Die Scones im Backofen in ca. 15 Minuten goldbraun backen. Herausnehmen und auskühlen lassen.

CRANBERRY-SHORTBREAD-HERZEN

Der schottische Klassiker hat nicht nur ganz Großbritannien erobert, sondern erfreut sich auch über die Inselgrenzen hinweg großer Beliebtheit. Mit dem herbsüßen Aroma getrockneter Cranberrys wird diese Version Ihr Herz im Sturm erobern!

➻ FÜR CA. 40–50 STÜCK

250 G BUTTER
150 G ZUCKER
250 G MEHL
125 G REISMEHL
100 G GETROCKNETE CRANBERRYS
MEHL, ZUM ARBEITEN
ZUCKER, ZUM BESTREUEN

1) ➻ Den Backofen auf 200 °C Ober- und Unterhitze vorheizen.
2) ➻ Die Butter mit dem Zucker schaumig schlagen. Das Mehl und das Reismehl darübersieben und alles zu einem geschmeidigen Teig verarbeiten. Die Cranberrys klein hacken und unterkneten. Den Teig in Frischhaltefolie wickeln und ca. 30 Minuten lang kalt stellen. **3)** ➻ Den Teig auf einer leicht bemehlten Arbeitsfläche ca. 5 mm dick ausrollen und Herzen ausstechen. Die Herzen mit etwas Zucker bestreuen, auf ein mit Backpapier ausgelegtes Backblech legen und im Backofen 10–15 Minuten lang backen. Herausnehmen und auskühlen lassen.

ROSEN-SHORTBREAD

Ein Gebäck für Romantiker: In dieser raffinierten Shortbread-Variante veredelt das feine Aroma der Rosen den zarten Mürbeteig.

➦ **FÜR CA. 20 STÜCK**

200 G MEHL
2 EL ROSENBLÜTENKNOSPEN
120 G BUTTER
1 PRISE SALZ
60 G ZUCKER
1 EL ROSENWASSER
MEHL, ZUM ARBEITEN
150 G PUDERZUCKER
1 EL ZITRONENSAFT
EINIGE TROPFEN HIMBEERSIRUP

1) ➦ Das Mehl auf die Arbeitsfläche häufen und in die Mitte eine Mulde drücken. Die Rosenblütenknospen im Mörser fein zerreiben und etwa 1 TL zum Garnieren beiseitelegen. Die Butter würfeln und mit den restlichen Knospen, dem Salz, dem Zucker und dem Rosenwasser in die Mulde geben. Zügig zu einem Teig verkneten, in Frischhaltefolie wickeln und ca. 30 Minuten lang kalt stellen. **2)** ➦ Den Backofen auf 180 °C Ober- und Unterhitze vorheizen. **3)** ➦ Den Teig auf einer leicht bemehlten Arbeitsfläche 4–5 mm dünn ausrollen und mit einem Teigrädchen in Streifen (ca. 3,5 × 12 cm) schneiden. Auf ein mit Backpapier ausgelegtes Backblech legen und im Backofen in ca. 25 Minuten goldbraun backen. Herausnehmen und auskühlen lassen. **4)** ➦ Den Puderzucker mit dem Zitronensaft und 1–2 TL kaltem Wasser zu einem Guss verrühren. Etwa 2 EL davon mit dem Sirup rosa färben. Die Shortbreads mit dem hellen Guss bestreichen, mit dem rosa Guss beträufeln und mit den übrigen Rosenblüten bestreuen. Anschließend vollständig trocknen lassen.

FRUCHTIGE SHORT-BREAD-RÖLLCHEN

Die Variationsmöglichkeiten sind bei Shortbread schier unendlich: Gerollt und fruchtig gefüllt sind diese kleinen Kunstwerke ein Genuss für Augen und Gaumen!

➳ FÜR CA. 30 STÜCK

Für den Teig:
50 G MARZIPANROHMASSE
150 G KALTE BUTTER
40 G ZUCKER
10 G VANILLEZUCKER
1 PRISE SALZ
200 G MEHL
MEHL, ZUM ARBEITEN
ZUCKER, ZUM BESTREUEN

Für die Füllung:
2 PFIRSICHE
CA. 200 G APFELMARMELADE

1) ➻ Das Marzipan in einer Schüssel fein zerdrücken. Die Butter in kleinen Stücken dazugeben, den Zucker, den Vanillezucker und das Salz ergänzen und alles verkneten. Die Hälfte vom Mehl dazugeben und unterkneten, dann das übrige Mehl unterarbeiten. Den Teig in Frischhaltefolie wickeln und ca. 1 Stunde lang kalt stellen. **2)** ➻ Die Pfirsiche blanchieren, abschrecken, häuten, entsteinen und in Spalten schneiden. Den Teig zu einer Rolle formen und in ca. 30 gleichgroße Stücke schneiden. Diese auf einer leicht bemehlten Arbeitsfläche zu Kreisen (ca. Ø 8 cm) ausrollen und ca. 15 Minuten lang kalt stellen. **3)** ➻ Den Backofen auf 160 °C Ober- und Unterhitze vorheizen. **4)** ➻ Je 1 TL Marmelade und eine Pfirsichspalte auf die Kreise legen. Diese zu kleinen Taschen einschlagen und festdrücken. Auf ein mit Backpapier ausgelegtes Backblech legen und im Backofen in ca. 25 Minuten goldbraun backen. Anschließend sofort dünn mit Zucker bestreuen und auskühlen lassen.

WALNUSS-KARAMELL-SCHNITTEN

Mit Walnüssen angereicherter, cremiger Karamell und zartschmelzende Schokolade machen dieses üppige Gebäck zu einem unvergesslichen Genusserlebnis.

➺ FÜR 50 STÜCK

350 G BUTTER
100 G ZUCKER
275 G MEHL
400 G GESÜSSTE KONDENSMILCH
40 G FLÜSSIGER HONIG
4–5 EL GROB GEHACKTE WALNÜSSE
220 G DUNKLE KUVERTÜRE

1) ➺ 225 g Butter mit dem Zucker schaumig schlagen, das Mehl dazugeben und zu einem geschmeidigen Teig verkneten. Die Masse in eine mit Backpapier ausgelegte Backform (ca. 21 × 21 cm) geben, glatt drücken und im Backofen in 25–30 Minuten goldbraun backen. Herausnehmen und auskühlen lassen. **2)** ➺ Die restliche Butter erwärmen, die Kondensmilch dazugeben und den Honig untermischen. Zum Kochen bringen und unter Rühren in ca. 30 Minuten karamellisieren lassen. Die Walnüsse unterheben. Auf den Boden gießen und abkühlen lassen. **3)** ➺ Die Kuvertüre hacken, über einem Wasserbad schmelzen lassen und über den Karamell gießen. Mindestens 3 Stunden lang abkühlen lassen. Aus der Form nehmen und in Quadrate schneiden.

SCHOKOLADEN-WHOOPIE-PIES

Ein Traum für Schokoladenliebhaber: Zwischen zwei knusprigen Schokoladenkeksen verbirgt sich eine mit weißer Schokolade verfeinerte Buttercreme.

➺ **FÜR CA. 20 STÜCK**

Für den Teig:
50 G ZARTBITTERSCHOKOLADE
125 G BUTTER
125 G ZUCKER
1 PRISE SALZ
1 EI
220 G MEHL
50 G KAKAOPULVER
1 TL BACKPULVER
120 ML BUTTERMILCH

Für die Füllung:
125 G WEISSE KUVERTÜRE
125 G BUTTER

1) ➻ Den Backofen auf 180 °C Ober- und Unterhitze vorheizen.

2) ➻ Die Schokolade über einem Wasserbad schmelzen lassen. Die Butter mit dem Zucker und einer Prise Salz schaumig schlagen und das Ei dazugeben. Das Mehl mit dem Kakao und dem Backpulver mischen und mit der Buttermilch abwechselnd unter die Buttermasse rühren. Die geschmolzene Schokolade unterziehen.

3) ➻ Die Masse in einen Spritzbeutel mit großer Lochtülle füllen und 24 kleine Kleckse (ca. Ø 3 cm) mit genügend Abstand auf ein mit Backpapier ausgelegtes Backblech spritzen. Im Backofen 10–15 Minuten lang backen. Herausnehmen und auskühlen lassen.

4) ➻ Die Kuvertüre hacken und schmelzen lassen. Die Butter schaumig schlagen und nach und nach die Schokolade unterrühren.

5) ➻ Die Hälfte der Kekse mit der Creme bestreichen, ein passendes Gegenstück daraufsetzen und leicht andrücken.

ROSEN- UND ERDBEER-MACARONS

Diese zarten Macarons zergehen förmlich auf der Zunge und überraschen mit ihren feinen Aromen.

➺ FÜR CA. 15 STÜCK JE SORTE

50 G ERDBEEREN
250 G PUDERZUCKER
4 EIWEISS
2 TL ZITRONENSAFT
200 G GEMAHLENE GESCHÄLTE MANDELN
1 TL ROSENWASSER
ROTE LEBENSMITTELFARBE
GESCHMOLZENE WEISSE KUVERTÜRE

1) ➺ Die Erdbeeren pürieren, passieren und mit 1 EL Puderzucker verrühren. Die Eiweiße mit dem Zitronensaft steif schlagen und nach und nach den übrigen Puderzucker dazugeben. Die Mandeln unterheben und die Masse in zwei Portionen teilen. **2)** ➺ Unter die eine Portion das Erdbeerpüree heben, unter die andere das Rosenwasser ziehen und beide Mischungen bis zur gewünschten Farbstärke mit Lebensmittelfarbe nachfärben. **3)** ➺ Den Backofen auf 170 °C Ober- und Unterhitze vorheizen und zwei Backbleche mit Backpapier auslegen. **4)** ➺ Einen Spritzbeutel mit großer Lochtülle mit der Rosenwasser-Masse füllen und kleine Halbkugeln (Ø 2 cm) auf das Blech spritzen. Den Beutel ausstreichen, dann die dunklere Masse einfüllen und auf das andere Blech Halbkugeln spritzen. **5)** ➺ Die Macarons im Backofen ca. 25 Minuten lang backen, dabei die Tür einen Spalt offen lassen (z. B. einen Kochlöffel zwischen Backofen und Backofentür klemmen). Herausnehmen, vom Blech ziehen und auskühlen lassen. **6)** ➺ Die Hälfte der Macarons auf der Innenseite mit der Kuvertüre bestreichen, mit einer zweiten Hälfte belegen und leicht andrücken.

HIMBEER-BAISER-GEBÄCK

Für Liebhaber des luftigen Schaumgebäcks ist dieses Nasch-werk aus knusprigen Baisers und einer fruchtigen Marzipan-füllung eine Offenbarung.

➤ FÜR 15–20 STÜCK

3 EIWEISS
1 PRISE SALZ
175 G ZUCKER
1 EL HIMBEERSIRUP
150 G MARZIPAN
2–3 EL ORANGENSAFT
50 G GETROCKNETE HIMBEEREN

1) ➤ Den Backofen auf 140 °C Ober- und Unterhitze vorheizen. **2)** ➤ Die Eiweiße mit dem Salz schaumig schlagen, dabei nach und nach den Zucker und den Sirup dazugeben und weiterrühren, bis die Masse glänzt und Spitzen zieht. Die Masse in einen Spritz-beutel mit Lochtülle füllen und ca. 30–40 kleine Häufchen auf ein mit Backpapier ausgelegtes Backblech spritzen. **3)** ➤ Die Baisers im Backofen 45–50 Minuten lang backen, dabei die Tür einen Spalt offen lassen (z. B. einen Kochlöffel zwischen Backofen und Back-ofentür klemmen). Die Baisers sollen innen noch etwas weich sein und möglichst wenig Farbe annehmen. Herausnehmen und aus-kühlen lassen. **4)** ➤ Das Marzipan mit einer Gabel zerdrücken und mit dem Orangensaft cremig rühren. Die Himbeeren hacken und untermischen. Jeweils ein wenig der Creme auf die Unterseite ei-nes Baisers streichen, darauf ein zweites Baiser setzen und leicht andrücken.

PASSIONSFRUCHT-BISKUIT-KÜCHLEIN

Zwischen zwei Biskuitküchlein verbirgt sich eine fruchtige Creme mit einem Hauch Exotik. Eine gelungene Neuinterpretation des klassischen Victoria-Sponge-Cake!

➵ FÜR 6 STÜCK

Für den Teig:

BUTTER UND MEHL, FÜR DIE FORM
300 G BUTTER
300 G ZUCKER
6 EIER
1 TL VANILLEEXTRAKT
300 G MEHL
2 TL BACKPULVER
3-4 EL MILCH

Für die Füllung:

1 PASSIONSFRUCHT
250 G QUARK
1 EL VANILLEZUCKER
ZUCKER, NACH BEDARF
125 G SAHNE
PUDERZUCKER, ZUM BESTÄUBEN

1) ➵ Den Backofen auf 200 °C Ober- und Unterhitze vorheizen. Die Vertiefungen einer Tartelettes-Form mit 12 Mulden mit Butter einfetten und mit Mehl bestäuben. **2)** ➵ Die Butter mit dem Zucker schaumig schlagen. Die Eier nach und nach hinzufügen und alles schaumig rühren. Das Vanilleextrakt unterrühren. Das Mehl mit dem Backpulver mischen, auf die Schaummasse sieben und mit der Milch unterrühren. Den Teig in die Mulden der Form füllen und im Backofen 20–25 Minuten lang backen. Herausnehmen und abkühlen lassen. **3)** ➵ Die Passionsfrucht halbieren und auspressen. Den Quark mit dem Passionsfruchtmark, dem Vanillezucker und dem Zucker verrühren und abschmecken. Die Sahne steif schlagen und unterheben. Die Creme auf die Hälfte der Küchlein streichen und die anderen Küchlein als Deckel auflegen. Mit Puderzucker bestäuben.

HEIDELBEERKÜCHLEIN

Naschkatzen aufgepasst: Bei diesen fruchtigen Heidelbeer-
küchlein herrscht Suchtgefahr für Groß und Klein!

➼ FÜR 12 STÜCK

Für den Teig:
BUTTER UND MEHL, FÜR DAS BLECH
30 G GEMAHLENE MANDELN
250 G MEHL
1 TL BACKPULVER
1 TL NATRON
1 EI
80 G ZUCKER
80 ML NEUTRALES PFLANZENÖL
200 ML BUTTERMILCH

Zum Garnieren:
200 G HEIDELBEEREN
125 G PUDERZUCKER
1 EL ZITRONENSAFT
ZUCKER, ZUM BESTREUEN

1) ➼ Den Backofen auf 180 °C Ober- und Unterhitze vorheizen. Die
Mulden eines Gugelhupf-Backblechs mit Butter einfetten und mit
Mehl bestäuben. **2)** ➼ Die Mandeln mit dem Mehl, dem Backpulver
und dem Natron mischen. Das Ei mit dem Zucker in einer separa-
ten Schüssel schaumig schlagen, dabei das Öl einfließen lassen.
Zusammen mit der Buttermilch unter die Mehlmischung rühren.
3) ➼ Den Teig in die Mulden des Backblechs füllen. Im Backofen
ca. 25 Minuten lang backen. 5 Minuten in der Form abkühlen lassen,
aus der Form lösen und auskühlen lassen. **4)** ➼ Die Heidelbeeren
waschen und gut abtropfen lassen. **5)** ➼ Den Puderzucker mit dem
Zitronensaft und nach Bedarf etwas Wasser zu einer Glasur verrühren und die Küchlein damit bestreichen. In jede Mulde einige
Heidelbeeren geben, nach Belieben mit Zucker bestreuen und den
Guss trocknen lassen.

HIMBEER-LIMETTEN-MADELEINES

Diese fruchtig-frischen Madeleines zaubern garantiert jedem Genießer ein Lächeln auf die Lippen.

➼ FÜR CA. 24 STÜCK

BUTTER, FÜR DAS BLECH
120 G BUTTER
100 G MEHL
50 G GEMAHLENE MANDELN
1 TL BACKPULVER
1 VANILLESCHOTE, MARK
½ TL GERIEBENE LIMETTENSCHALE
3 EIER
2 EL HONIG
2 CL RUM
100 G ZUCKER
150 G HIMBEEREN
PUDERZUCKER, ZUM BESTÄUBEN

1) ➼ Den Backofen auf 160 °C Ober- und Unterhitze vorheizen. Die Mulden eines Madeleine-Backblechs mit Butter einfetten. **2)** ➼ Die Butter schmelzen lassen. Das Mehl mit den Mandeln, dem Backpulver, dem Vanillemark und der Limettenschale mischen. Die Eier mit dem Honig, dem Rum und dem Zucker cremig rühren. Die Butter und die Mehlmischung hinzufügen und alles zu einem glatten Teig verarbeiten. **3)** ➼ Die Mulden des Backblechs zu jeweils drei Vierteln mit dem Teig füllen. In jede Form je eine Himbeere drücken und die Madeleines im Backofen in ca. 15 Minuten goldbraun backen. Die Madeleines aus den Mulden lösen und auskühlen lassen. Mit Puderzucker bestäuben und mit den restlichen Himbeeren garnieren.

HOLUNDER-CUPCAKES

Wenn Sie diese Cupcakes außerhalb der Blütezeit des Holunders zubereiten möchten, können Sie zur Dekoration zum Beispiel Blüten aus Fondant verwenden.

→ FÜR 12 STÜCK

Für den Teig:
1 UNBEHANDELTE ZITRONE
175 G BUTTER
120 G ZUCKER
2 EL HOLUNDERBLÜTENSIRUP
3 EIER
150 G MEHL
75 G GEMAHLENE WALNÜSSE
1 MSP GEMAHLENER ZIMT
1 MSP GEMAHLENER
KARDAMOM
1 TL BACKPULVER

Für die Blüten:
1 SEHR FRISCHES EIWEISS
1 PRISE SALZ
FRISCHE HOLUNDERBLÜTEN
ZUCKER

Für die Glasur:
CA. 150 G PUDERZUCKER
1 TL HOLUNDERBLÜTENSIRUP
1–2 TL ZITRONENSAFT

1) → Den Backofen auf 200 °C Ober- und Unterhitze vorheizen. Die Mulden eines Muffin-Backblechs mit Papierförmchen auslegen. **2) →** Die Schale der Zitrone abreiben und den Saft auspressen. Die Butter mit dem Zucker und dem Sirup schaumig schlagen. Die Eier mit dem Zitronensaft und der Zitronenschale verquirlen und zusammen mit dem Mehl, den Nüssen, dem Zimt, dem Kardamom und dem Backpulver zur Masse geben. Alle Zutaten gut verrühren, in die Förmchen füllen und die Cupcakes im Backofen in ca. 25 Minuten goldbraun backen. Herausnehmen und auskühlen lassen. **3) →** Das Eiweiß mit dem Salz verquirlen. Die Holunderblüten erst in das Eiweiß und dann in den Zucker tauchen. Den Zucker leicht abschütteln und die Blüten zum Trocknen auf ein Stück Backpapier legen. **4) →** Den Puderzucker mit dem Sirup und dem Zitronensaft zu einer Glasur verrühren. Die Masse in einen Spritzbeutel mit kleiner Lochtülle füllen und damit die Cupcakes verzieren. **5) →** Mit den Holunderblüten garnieren und trocknen lassen.

KARAMELL-ECLAIRS

Als Füllung eignet sich auch wunderbar geschlagene Sahne, die Sie nach Belieben mit Likör verfeinern können.

➼ FÜR CA. 15–20 STÜCK

Für den Teig:
50 G BUTTER
1 PRISE SALZ
2 EL VANILLEZUCKER
180 G MEHL
4 EIER
1 TL BACKPULVER

Für den Karamell:
250 G ZUCKER
50 G BUTTER

Für die Creme:
250 G SAHNE
1 VANILLESCHOTE
4 EIGELB
100 G ZUCKER
250 G WEICHE BUTTER
150 G WEISSE SCHOKOLADE

1) ➼ Die Butter, das Salz und den Vanillezucker mit 250 ml Wasser in einen Topf geben und aufkochen lassen. Das Mehl hinzufügen und sofort bei schwacher Hitze kräftig rühren, bis sich der Teig vom Topfboden löst. In eine Schüssel füllen, 1 Ei hinzufügen und sofort glatt rühren. Die restlichen Eier nach und nach unterrühren, dann das Backpulver dazugeben. **2)** ➼ Den Backofen auf 200 °C Ober- und Unterhitze vorheizen. **3)** ➼ Den Teig in einen Spritzbeutel füllen und 15–20 Streifen auf ein mit Backpapier ausgelegtes Backblech spritzen. Im Backofen in ca. 25 Minuten goldbraun backen. Herausnehmen, waagerecht halbieren und abkühlen lassen. **4)** ➼ Den Zucker in einem Topf goldgelb karamellisieren. Mit 50 ml Wasser ablöschen und die Butter unterrühren. Etwas abkühlen lassen und die Eclairs-Deckel in den noch lauwarmen Karamell tauchen. **5)** ➼ Die Sahne mit der aufgeschlitzten Vanilleschote aufkochen und ziehen lassen. Die Eigelbe mit dem Zucker verrühren, die heiße Sahne unter Rühren zufügen, zurück in den Topf gießen und bei milder Hitze cremig rühren. Die Creme passieren und abkühlen lassen. **6)** ➼ Die Butter schaumig schlagen und die Creme nach und nach dazugeben. Die Schokolade über einem Wasserbad schmelzen lassen und unter die Creme ziehen. Diese auf die untere Hälfte der Eclairs spritzen und die Deckel aufsetzen.

MINI-GUGELHUPF MIT HONIG

Die milde, aromatische Süße des Honigs verleiht den Küchlein einen besonders delikaten Geschmack, der hervorragend zu einer Tasse Tee passt. Tee und Honig sind einfach eine traumhafte Kombination!

➻ **FÜR 6 STÜCK**

BUTTER, FÜR DIE FORM
100 G BUTTER
2 EIER
100 G HONIG
½ VANILLESCHOTE
140 G MEHL
1 TL BACKPULVER
1 PRISE SALZ
½ TL GERIEBENE ORANGENSCHALE
PUDERZUCKER, ZUM BESTÄUBEN

1) ➻ Den Backofen auf 200 °C Ober- und Unterhitze vorheizen. Die Mulden einer 6er-Mini-Gugelhupf-Form mit etwas Butter einfetten. **2)** ➻ Die Butter mit den Eiern und dem Honig schaumig schlagen. Die Vanilleschote aufschlitzen und das Mark herauskratzen. Das Mehl mit dem Backpulver, dem Vanillemark, dem Salz und der Orangenschale mischen. Die Mehlmischung zu der Butter-Ei-Masse geben und alles zu einem glatten Teig verrühren. **3)** ➻ Den Teig in die Mulden füllen und in 20–25 Minuten goldgelb backen. Etwas abkühlen lassen, aus den Förmchen lösen und auskühlen lassen. Die Küchlein mit Puderzucker bestäuben.

ERDBEER-CHEESECAKE

Zur Erdbeerzeit gibt es kein besseres Gebäck zur Tea Time als diesen raffinierten Cheesecake. Überzeugen Sie sich selbst!

➥ **FÜR 1 BACKFORM À 20 × 30 CM**

Für den Teig:
200 G SCHOKOLADENKEKSE
150 G ZARTBITTERKUVERTÜRE
50 G BUTTER
50 G KOKOSRASPEL
40 G MANDELBLÄTTCHEN

Für den Belag:
CA. 800 G ERDBEEREN
8 BLATT GELATINE
4 EL BIRNENDICKSAFT
400 G FRISCHKÄSE
500 G QUARK
2 EL ZITRONENSAFT
150 G PUDERZUCKER
200 G SAHNE
MINZEBLÄTTER, ZUM GARNIEREN

1) ➥ Die Kekse in einen Gefrierbeutel füllen und mit einem Nudelholz zerkleinern. Die Kuvertüre hacken und mit der Butter über einem Wasserbad schmelzen. Abkühlen lassen, die Kokosraspel, die Mandeln und die Keksbrösel untermischen. Die Backform mit Frischhaltefolie auskleiden. Die Keksmasse auf den Boden geben, glatt streichen und die Form in den Kühlschrank stellen. **2)** ➥ 8 Erdbeeren zum Garnieren halbieren und beiseitelegen. Den Rest nebeneinander mit den Spitzen nach oben auf den fest gewordenen Boden stellen. **3)** ➥ Die Gelatine in kaltem Wasser einweichen. Den Birnendicksaft leicht erwärmen, die Gelatine ausdrücken und im Saft auflösen. Den Frischkäse mit dem Quark, dem Zitronensaft und dem Puderzucker glatt rühren. 4–5 EL der Käsemasse unter die gelöste Gelatine rühren und diese zügig unter die restliche Creme mengen. Die Sahne steif schlagen und unterziehen. Die Käsemasse auf die Erdbeeren füllen und glatt streichen. Mindestens 4 Stunden lang kalt stellen. **4)** ➥ Den Kuchen aus der Form lösen, in etwa 16 rechteckige Stücke schneiden, mit den Erdbeerhälften belegen und mit Minze garnieren.

CASSIS-TÖRTCHEN

Wenn Sie Ihren Gästen etwas ganz Besonderes zum Tee servieren möchten, dann bereiten Sie diese extravaganten Törtchen zu.

➻ FÜR 8 BRIOCHE- ODER PUDDINGFÖRMCHEN À 120 ML

Für den Teig:	*Für die Frucht-Füllung:*	*Für die Creme-Füllung:*
3 EIER	150 G JOHANNISBEEREN	7–8 BLATT GELATINE
1 PRISE SALZ	2 EL VANILLEZUCKER	1 VANILLESCHOTE
75 G ZUCKER	2 BLATT GELATINE	750 G SAHNE
80 G MEHL	4 EL CASSISLIKÖR	2–3 ZWEIGE ROSMARIN
		75 G ZUCKER

Außerdem:
ZUCKER, ZUM WÄLZEN

1) ➻ Den Backofen auf 200 °C Ober- und Unterhitze vorheizen. **2)** ➻ Die Eier trennen. Die Eiweiße mit dem Salz und dem Zucker steif schlagen. Die Eigelbe verquirlen, unterziehen und das Mehl unterheben. Den Teig auf ein mit Backpapier ausgelegtes Backblech geben und im Backofen in ca. 10 Minuten goldbraun backen. Herausnehmen und auskühlen lassen. **3)** ➻ Die Förmchen ins Eisfach legen. Einige Johannisbeeren zum Garnieren beiseitelegen, den Rest von den Stielen zupfen und mit dem Vanillezucker aufkochen. Die Gelatine in kaltem Wasser einweichen. Die Beeren passieren und mit dem Cassis verrühren. Die Gelatine ausdrücken und in der heißen Masse auflösen. In jedes Förmchen 2–3 EL der warmen Fruchtmasse geben, wieder ausgießen und kalt stellen. **4)** ➻ Die Gelatine in kaltem Wasser einweichen. Die Vanilleschote aufschlitzen und das Mark herauskratzen. Beides mit der Sahne, dem Zucker und dem Rosmarin aufkochen, 10 Minuten ziehen lassen und passieren. Die Gelatine ausdrücken und in der Sahne auflösen. Lauwarm abkühlen lassen und in die Förmchen füllen. **5)** ➻ Aus dem Teig 8 Kreise in Förmchengröße ausstechen, auf die Creme legen, andrücken und mindestens 3 Stunden lang kalt stellen. **6)** ➻ Die Törtchen kurz in ein warmes Wasserbad tauchen, stürzen und mit in Zucker gewälzten Johannisbeeren garnieren.

HIMBEER-PEKANNUSS-TÖRTCHEN

Mit diesen ungewöhnlichen Törtchen werden
Sie Ihre Gäste überraschen!

→ FÜR 6 DARIOL- ODER PUDDINGFÖRMCHEN À 150 ML

½ TASSE TAPIOKA-PERLEN
1 MSP. SALZ
BUTTER, FÜR DIE FÖRMCHEN
150 G PEKANNNÜSSE
80 G BUTTER
80 G ZUCKER

1 EL VANILLEZUCKER
1 TL GERIEBENE ZITRONENSCHALE
3 EIER
1 EL ZITRONENSAFT
200 G HIMBEEREN
VANILLESAUCE, ZUM SERVIEREN

1) → Die Tapioka-Perlen mit 2 Tassen Wasser übergießen und 10 Minuten lang ziehen lassen. Weitere 2–3 Tassen Wasser und das Salz hinzufügen, alles aufkochen und 10–15 Minuten leise köcheln lassen. Evtl. noch wenig Wasser angießen, dann ca. 30 Minuten lang abkühlen lassen. **2)** → Die Förmchen mit Butter einfetten. Die Nüsse grob hacken. **3)** → Die Butter mit dem Zucker schaumig schlagen. Den Vanillezucker und die Zitronenschale unterrühren. Die Eier trennen, die Eigelbe nach und nach dazugeben und schaumig schlagen. Die Tapioka-Perlen und drei Viertel der Nüsse unterziehen. Das Eiweiß mit dem Zitronensaft steif schlagen und unterheben. **4)** → Einige Himbeeren für die Garnitur beiseitelegen. Jeweils 1–2 EL der Tapioka-Masse in die Förmchen füllen, dann ein paar Himbeeren daraufgeben. Die Schichten wiederholen, bis die Förmchen ca. zu drei Vierteln gefüllt sind. Die Förmchen mit Alufolie verschließen und in einen Bräter stellen. Seitlich so viel kochendes Wasser angießen, bis die Förmchen zur Hälfte im Wasserbad stehen. Die Törtchen auf dem Herd im heißen, aber nicht kochenden Wasserbad 30 Minuten lang garen. Herausnehmen, 10 Minuten abkühlen lassen und stürzen. **5)** → Mit Vanillesauce übergießen und mit den Himbeeren und den restlichen Pekannüssen garnieren.

ORANGEN-TÖRTCHEN

Wenn Sie keinen Lavendel mögen, können Sie auch eine andere Honigsorte für die Creme verwenden.

➻ FÜR 8 TARTELETTES-FÖRMCHEN (Ø 10 CM)

Für den Teig:
300 G MEHL
100 G ZUCKER
1 PRISE SALZ
1 EI
200 G BUTTER, GEWÜRFELT
BUTTER, FÜR DIE FÖRMCHEN
MEHL, ZUM ARBEITEN
GETROCKNETE HÜLSEN-
FRÜCHTE, ZUM BLINDBACKEN

Für die Füllung:
1 UNBEHANDELTE ORANGE
100 G BUTTER
4 EIER
50 G LAVENDELHONIG
150 G ZUCKER
1 EL SPEISESTÄRKE
CA. 40 G BRAUNER ZUCKER,
ZUM BESTREUEN

Zum Garnieren:
2 ORANGEN
50 G GEHACKTE MANDELN
50 G ZUCKER

1) ➻ Das Mehl, den Zucker und das Salz mischen und auf die Arbeitsfläche häufen. Eine Mulde hineindrücken und das Ei hineingeben. Die Butter um die Mulde herum verteilen. Die Zutaten grob hacken, bis ein krümeliger Teig entsteht. Diesen zu einem homogenen Teig verkneten, in Frischhaltefolie wickeln und ca. 1 Stunde lang kalt stellen. **2)** ➻ Den Backofen auf 200 °C Ober- und Unterhitze vorheizen. Die Förmchen mit Butter einfetten. **3)** ➻ Den Teig auf einer leicht bemehlten Arbeitsfläche ausrollen, Kreise (Ø 12-14 cm) ausstechen und die Förmchen damit auslegen. Den Teig mit Backpapier belegen, mit Hülsenfrüchten beschweren und im Backofen in 12–15 Minuten goldbraun backen. Herausnehmen und auskühlen lassen. **4)** ➻ Die Orangenschale abreiben, den Saft auspressen und beides mit der Butter erhitzen. Die Eier mit dem Honig, dem Zucker sowie der Stärke verquirlen und dazugeben. Aufkochen lassen, passieren und abkühlen lassen. In die Förmchen füllen und 1 Stunde lang kalt stellen. **5)** ➻ Die Orangen schälen und filetieren. Die Mandeln goldgelb rösten und mit dem Zucker karamellisieren. Abkühlen lassen und fein hacken. Die Tartelettes mit den Orangenfilets belegen und mit dem Krokant bestreuen.

RHABARBER-STREUSEL-TARTELETTES

Die süß-saure Rhabarberfüllung harmoniert wunderbar mit den knusprigen Mandelstreuseln.

⇥ FÜR 12 STÜCK

Für den Teig:
400 G MEHL
100 G GEMAHLENE MANDELN
120 G ZUCKER
1 PRISE SALZ
3 EIGELB
1 EL SAURE SAHNE
250 G BUTTER, GEWÜRFELT
BUTTER UND MEHL, FÜR DAS BLECH

Für die Füllung:
600 G RHABARBER
2 EL HIMBEERGELEE
50 G GELIERZUCKER
1 EL ZITRONENSAFT
2 CL ORANGENLIKÖR

Für die Streusel:
100 G MEHL
100 G GEMAHLENE MANDELN
50 G ZUCKER
100 G BUTTER, GEWÜRFELT

1) ⇥ Das Mehl mit den Mandeln, dem Zucker und dem Salz vermischen. Auf die Arbeitsfläche häufen und eine Mulde hineindrücken. Die Eigelbe und die saure Sahne hineingeben. Die Butter um die Mulde verteilen. Die Zutaten grob hacken, bis ein krümeliger Teig entsteht. Diesen zu einem homogenen Teig verkneten, in Frischhaltefolie wickeln und ca. 1 Stunde lang kalt stellen. **2) ⇥** Den Backofen auf 180 °C Ober- und Unterhitze vorheizen. Die Mulden eines Muffin-Backblechs mit Butter einfetten und mit Mehl bestäuben. **3) ⇥** Den Teig 3–4 mm dünn ausrollen, Kreise in Förmchengröße ausstechen und die Mulden damit auskleiden. **4) ⇥** Den Rhabarber waschen, putzen und in kleine Stücke schneiden. Mit dem Gelee, dem Zucker, dem Zitronensaft und dem Likör vermischen. In die Förmchen füllen. **5) ⇥** Das Mehl mit den Mandeln und dem Zucker mischen. Die Butter zugeben und alles zu Streuseln verarbeiten. Über den Rhabarber streuen und die Tartelettes in ca. 35 Minuten goldbraun backen.

ZITRONEN-TARTELETTES

*Durch das Unterheben von geschlagener Sahne wird die
Zitronencreme besonders luftig.*

➤ FÜR 12 STÜCK

Für den Teig:
300 G MEHL
1 PRISE SALZ
150 G KALTE BUTTER
1 EI
BUTTER, FÜR DIE FÖRMCHEN
GETROCKNETE HÜLSEN-
FRÜCHTE, ZUM BLINDBACKEN

Für die Creme:
2 ZITRONEN
25 G BUTTER
80 G ZUCKER
1–2 TL GERIEBENE
ZITRONENSCHALE
1 EI
2 CL ORANGENLIKÖR

200 G SAHNE
ZITRONENZESTEN, ZUM
GARNIEREN
PUDERZUCKER, ZUM
BESTÄUBEN

1) ➤ Das Mehl und das Salz mischen, auf die Arbeitsfläche häufen
und eine Mulde hineindrücken. Die Butter würfeln, um die Mulde
herum verteilen und das Ei hineingeben. Die Zutaten mit einem
Messer grob hacken, bis ein krümeliger Teig entsteht. Diesen mit
den Händen zu einem homogenen Teig verkneten, in Frischhaltefolie wickeln und ca. 30 Minuten lang kalt stellen. **2)** ➤ Den Backofen
auf 200 °C Ober- und Unterhitze vorheizen. Die Tartelettes-Förmchen (Ø 8 cm) mit Butter einfetten. **3)** ➤ Den Teig ausrollen und
Kreise in Förmchengröße ausstechen. Die Förmchen damit auskleiden. Den Teig mit Backpapier belegen und mit den Hülsenfrüchten beschweren. Die Tartelettes in ca. 20 Minuten goldbraun backen. Die Hülsenfrüchte und das Backpapier entfernen und
abkühlen lassen. **4)** ➤ Die Zitronen auspressen und den Saft durch
ein Sieb gießen. Die Butter über einem Wasserbad mit dem Zucker,
der Zitronenschale und dem Saft schmelzen lassen. Das Ei verquirlen, dazugeben und die Masse cremig rühren. Den Likör dazugeben, die Creme passieren und auskühlen lassen. **5)** ➤ Die
Sahne steif schlagen und unter die Zitronencreme ziehen. Die
Creme auf die Tartelettes verteilen und mit den Zitronenzesten
garnieren. Mit Puderzucker bestäuben.

SCHOKOLADEN-GEWÜRZ-TARTELETTES

Was gibt es Schöneres, als bei einer dampfenden Tasse Tee und knusprigen Tartelettes voller Gewürzaroma die Seele baumeln zu lassen?

FÜR 12 STÜCK

Für den Teig:
275 G MEHL
1 EL SPEISESTÄRKE
1 PRISE SALZ
1 TL LEBKUCHENGEWÜRZ
150 G KALTE BUTTER
1 EI
2 EL SAHNE
BUTTER, FÜR DIE FÖRMCHEN
GETROCKNETE HÜLSENFRÜCHTE, ZUM BLINDBACKEN

Für die Füllung:
200 G ZARTBITTERKUVERTÜRE
100 G SAHNE
1–2 CL RUM
50 G PISTAZIENKERNE

1) Das Mehl mit der Stärke, dem Salz und dem Lebkuchengewürz mischen, auf die Arbeitsfläche häufen und eine Mulde hineindrücken. Die Butter würfeln und um die Mulde herum verteilen. Das Ei und die Sahne in die Mitte geben. Die Zutaten mit einem Messer grob hacken, bis ein krümeliger Teig entsteht. Diesen mit den Händen zu einem homogenen Teig verkneten und ca. 30 Minuten lang kalt stellen. **2)** Den Backofen auf 200 °C Ober- und Unterhitze vorheizen. Die Tartelettes-Förmchen (Ø 8 cm) mit Butter einfetten. **3)** Den Teig ausrollen und Kreise in Förmchengröße ausstechen. Die Förmchen damit auskleiden. Den Teig mit Backpapier bedecken und mit den Hülsenfrüchten beschweren. Die Tartelettes ca. 20 Minuten lang blindbacken. Die Hülsenfrüchte und das Backpapier entfernen und abkühlen lassen. **4)** Die Kuvertüre hacken. Die Sahne aufkochen, auf die Kuvertüre gießen und 1 Minute ruhen lassen. Dann verrühren, bis die Kuvertüre geschmolzen und die Masse homogen ist. Den Rum unterrühren. Die Pistazien grob hacken. Die Füllung auf die Tartelettes verteilen und mit den Pistazien bestreuen.

SCHOKOLADENROLLE

Statt der Erdbeeren können Sie für die Füllung auch andere Beeren oder Früchte der Saison verwenden.

→ FÜR 10–12 STÜCKE

Für den Teig:	*Für die Füllung:*
5 EIER	200 G QUARK
100 G ZUCKER	4 BLATT GELATINE
2 EL VANILLEZUCKER	400 G ERDBEEREN
1 TL ZITRONENSAFT	75 G ZUCKER
100 G MEHL	2 EL ZITRONENSAFT
2 EL SPEISESTÄRKE	2 CL ORANGENLIKÖR
2 EL KAKAOPULVER	400 G SAHNE
ZUCKER, ZUM BESTREUEN	PUDERZUCKER, ZUM BESTÄUBEN

1) ➵ Den Backofen auf 220°C Ober- und Unterhitze vorheizen. **2)** ➵ Die Eier trennen. Die Eigelbe mit zwei Dritteln des Zuckers und dem Vanillezucker schaumig schlagen. Die Eiweiße mit dem Zitronensaft steif schlagen, dabei den restlichen Zucker einrieseln lassen. Den Eischnee unter die Eigelbmasse heben. Das Mehl, die Speisestärke und den Kakao unterheben. Den Teig auf ein mit Backpapier ausgelegtes Backblech geben und im Backofen 10–12 Minuten lang backen. **3)** ➵ Ein Küchentuch mit Zucker bestreuen, den Biskuit darauf stürzen und das Backpapier abziehen. Den Biskuit sofort aufrollen und abkühlen lassen. **4)** ➵ Den Quark abtropfen lassen. Die Gelatine in kaltem Wasser einweichen. Die Erdbeeren in Stücke schneiden. Den Quark mit dem Zucker und dem Zitronensaft glatt rühren. Die Gelatine ausdrücken, im Likör erwärmen und auflösen. 3–4 EL der Quarkcreme unterrühren und unter die restliche Creme mengen. Die Sahne steif schlagen und unterheben. **5)** ➵ Den Biskuit ausbreiten und mit der Creme bestreichen. Mit den Beeren bestreuen und wieder einrollen. Zugedeckt mindestens 3 Stunden lang kalt stellen. **6)** ➵ Die Biskuitrolle vor dem Servieren mit Puderzucker bestäuben.

ZITRONEN-GUGELHUPF

Dies ist der perfekte Kuchen, wenn sich spontan Besuch ankündigt. Er ist einfach in der Zubereitung und durch sein fruchtiges Zitronenaroma zum Niederknien lecker!

➻ **FÜR 1 GUGELHUPF-FORM**

Für den Kuchen:
BUTTER UND SEMMELBRÖSEL,
FÜR DIE FORM
2 UNBEHANDELTE ZITRONEN
250 G MEHL
50 G SPEISESTÄRKE
1 TL BACKPULVER

200 G BUTTER
200 G ZUCKER
1 EL VANILLEZUCKER
5 EIER
50 G GEMAHLENE MANDELN
CA. 120 ML MILCH

Für die Glasur:
120 G PUDERZUCKER
2-3 EL ZITRONENSAFT

1) ➻ Den Backofen auf 180 °C Ober- und Unterhitze vorheizen. Die Form mit der Butter einfetten und mit den Bröseln ausstreuen. **2)** ➻ Die Schale der Zitronen abreiben und den Saft auspressen. Das Mehl mit der Stärke und dem Backpulver in eine Schüssel sieben und vermischen. Die Butter in Stücke schneiden und mit dem Zucker und dem Vanillezucker cremig rühren. Nach und nach die Eier dazugeben und alles schaumig schlagen. Den Zitronensaft sowie die -schale unterrühren. Dann die Mehlmischung, die Mandeln und die Milch unter die Schaummasse ziehen. In die Backform füllen und glatt streichen. Im Backofen in ca. 1 Stunde goldbraun backen. Herausnehmen, einige Minuten ruhen lassen, stürzen und vollständig auskühlen lassen. **3)** ➻ Den Puderzucker mit dem Zitronensaft zu einer dickflüssigen Glasur verrühren. Den Kuchen damit bepinseln und trocknen lassen.

EARL-GREY-KUCHEN

Dies ist ein wunderbarer Kuchen für alle, die vom feinen Aroma des Tees nie genug bekommen können!

➥ **FÜR 1 BACKFORM À 20 × 20 CM**

1 ½ TL EARL GREY
375 G SULTANINEN
2 CL COGNAC
1 UNBEHANDELTE ZITRONE
250 G BUTTER
250 G ZUCKER
3 EIER
375 G MEHL
2 TL BACKPULVER
100 G MANDELKERNE, GESCHÄLT

1) ➥ Den Backofen auf 180 °C Ober- und Unterhitze vorheizen. Die Backform mit Backpapier auslegen. **2)** ➥ Den Tee in eine große Tasse füllen und 250 ml kochend heißes Wasser darübergießen. Etwa 5 Minuten lang ziehen lassen. Die Sultaninen in ein Schälchen geben und den Tee durch ein Sieb hinzufügen. Mit dem Cognac vermischen und ca. 10 Minuten lang ziehen lassen. **2)** ➥ Die Schale der Zitrone abreiben. Die Butter mit dem Zucker und der Zitronenschale cremig rühren. Nach und nach die Eier zugeben und schaumig schlagen. Die Sultaninen-Mischung dazugeben. Das Mehl mit dem Backpulver vermischen, darüberstreuen und alles zu einem geschmeidigen Teig verarbeiten. In die Form füllen und glatt streichen. Mit den Mandeln belegen und im Backofen ca. 70 Minuten lang backen. Sollte der Kuchen zu dunkel werden, rechtzeitig mit Alufolie abdecken. Herausnehmen und auskühlen lassen.

BATTENBERG-KUCHEN

Dieser Kuchen wurde vermutlich im Jahr 1884 anlässlich der Hochzeit von Prinzessin Viktoria, der Enkelin von Königin Victoria, mit Prinz Ludwig Alexander von Battenberg kreiert.

➼ FÜR 1 BACKFORM À 22 × 22 CM

5 EIER
125 G ZUCKER
100 G MEHL
2 EL SPEISESTÄRKE
ROTE LEBENSMITTELFARBE
100 G APRIKOSENKONFITÜRE
50 G JOHANNISBEERGELEE
300 G MARZIPANROHMASSE
4–5 EL PUDERZUCKER, ZUM KNETEN

1) ➼ Den Backofen auf 180 °C Ober- und Unterhitze vorheizen. Die Backform mit Backpapier auslegen. Aus Alufolie einen Trennstreifen falten und die Form in der Mitte damit unterteilen. **2) ➼** Die Eier trennen. Die Eiweiße mit dem Zucker steif schlagen. Die Eigelbe verquirlen, zum Eiweiß geben und unterheben. Das Mehl mit der Stärke daraufsieben und ebenfalls unterheben. Die Masse teilen. Eine Hälfte mit Lebensmittelfarbe rosa färben. Die Teige jeweils in eine Hälfte der Form füllen, glatt streichen und im Backofen ca. 15–20 Minuten lang backen. Herausnehmen und auskühlen lassen. **3) ➼** Beide Kuchenhälften glatt schneiden, dabei ggf. harte Krusten abschneiden. Die Teigstreifen jeweils längs halbieren. Die Konfitüre erwärmen und passieren. Mit dem Johannisbeergelee glatt rühren und die Teigstreifen damit rundherum bestreichen. Schachbrettartig zu einem Kuchen zusammensetzen. **4) ➼** Das Marzipan mit dem Puderzucker verkneten und etwa 5 mm dick zu einem Rechteck (ca. 22 × 40 cm) ausrollen. Den Kuchen auf das untere Ende legen und im Marzipan einschlagen. Die Kanten leicht überlappend andrücken und glatt streichen.

MARMELADENKUCHEN

Orangenmarmelade ist fester Bestandteil der kulinarischen Tradition Großbritanniens. Als süß-bittre Glasur gibt sie diesem Kuchen den letzten Schliff.

➦ FÜR 1 KASTENFORM

BUTTER UND MEHL, FÜR DIE FORM
250 G BUTTER
250 G ZUCKER
2 EL VANILLEZUCKER
4 EIER
250 G MEHL
2 TL BACKPULVER
75 G GEMAHLENE MANDELN
1 PRISE SALZ
200 G ROSINEN
100 G KANDIERTE FRÜCHTE, GEWÜRFELT (Z. B. PFLAUMEN, APRIKOSEN)
2 TL GERIEBENE ORANGENSCHALE
2–3 EL ORANGENMARMELADE
2 EL ORANGENLIKÖR

1) ➦ Den Backofen auf 180 °C Ober- und Unterhitze vorheizen. Die Form mit Butter einfetten und mit Mehl bestäuben. **2)** ➦ Die Butter, den Zucker und den Vanillezucker cremig schlagen, dann die Eier nach und nach dazugeben und schaumig rühren. Das Mehl, das Backpulver, die Mandeln und das Salz unterrühren und die Rosinen, die kandierten Früchte und die Orangenschale untermischen. **3)** ➦ Den Teig in die Form geben, glatt streichen und im Backofen ca. 1 Stunde lang backen. Wenn der Kuchen zu schnell bräunt, mit Alufolie abdecken. Herausnehmen, etwas abkühlen lassen, aus der Form lösen und auskühlen lassen. **4)** ➦ Die Orangenmarmelade mit dem Likör aufkochen, noch heiß auf den Kuchen pinseln und trocknen lassen.

KASTANIEN-BIRNEN-KUCHEN

Schon der Kuchen allein ist einfach köstlich, aber zusammen mit der Karamellsauce wird er unwiderstehlich.

➛ FÜR 1 SPRINGFORM (Ø 24 CM)

Für den Kuchen:
BUTTER UND MEHL, FÜR DIE FORM
2–3 BIRNEN, CA. 500 G
300 G KASTANIENMEHL
1 TL BACKPULVER
1 TL GEMAHLENER ZIMT

1 MSP GEMAHLENER PIMENT
250 G BUTTER
250 G ZUCKER
1 VANILLESCHOTE, MARK
3 EIER

Für die Sauce:
100 G BRAUNER ZUCKER
120 G SAHNE
50 G BUTTER

1) ➛ Den Backofen auf 180 °C Ober- und Unterhitze vorheizen. Die Springform mit Butter einfetten und mit Mehl bestäuben. **2) ➛** Die Birnen schälen, vierteln, die Kerngehäuse entfernen und die Viertel in Stücke schneiden. Das Kastanienmehl mit dem Backpulver, dem Zimt und dem Piment vermischen. Die Butter mit dem Zucker und dem Vanillemark schaumig schlagen. Nach und nach die Eier zugeben und weiß-cremig rühren. Die Mehlmischung unterheben und zum Schluss die Birnen untermischen. Den Teig in die Form füllen, glatt streichen und im Backofen ca. 1 Stunde lang backen. Sollte der Kuchen zu stark bräunen, mit Alufolie abdecken. Herausnehmen und abkühlen lassen. **3) ➛** Den Zucker mit der Sahne und der Butter in einem kleinen Topf unter Rühren erhitzen, bis sich der Zucker gelöst hat. Unter Rühren 5–10 Minuten lang zu einer dickflüssigen Sauce einköcheln. Abkühlen lassen. **4) ➛** Den Kuchen aus der Form lösen, in Stücke schneiden und mit der Sauce beträufeln.

MÖHREN-INGWER-TORTE

Ingwer wird in Großbritannien gerne zum Aromatisieren von Gebäck verwendet und macht aus dieser Torte etwas ganz Besonderes.

➵ FÜR 1 SPRINGFORM (Ø 22 CM)

Für den Teig:
300 G MÖHREN
1 UNBEHANDELTE ORANGE
6 EIER
200 G ZUCKER
1 MSP SALZ

½ TL GEMAHLENER INGWER
150 G GEMAHLENE WALNÜSSE
100 G GEMAHLENE MACADAMIANÜSSE
125 G MEHL

Für die Füllung und zum Garnieren:
100 G BUTTER
4 EL VANILLEZUCKER
CA. 200 G PUDERZUCKER
225 G FRISCHKÄSE
70 G KANDIERTER INGWER
10–12 MACADAMIANÜSSE

1) ➵ Den Backofen auf 200 °C Ober- und Unterhitze vorheizen. Den Boden der Springform mit Backpapier auslegen. **2) ➵** Die Möhren schälen und fein raspeln. Die Schale der Orange abreiben und den Saft auspressen. Die Eier trennen. Die Eigelbe mit einem Drittel des Zuckers, mit dem Salz, der Orangenschale, dem -saft und dem Ingwer schaumig schlagen. Die Eiweiße steif schlagen, dabei den restlichen Zucker einrieseln lassen. Die Nüsse mit dem Mehl und den Möhrenraspeln vermischen. Mit einem Drittel des Eischnees zum Eigelb geben und sehr gut vermischen. Den übrigen Eischnee vorsichtig unterheben. **3) ➵** Den Teig in die Springform füllen, glatt streichen und im Backofen ca. 45 Minuten lang backen. Herausnehmen und über Nacht auskühlen lassen. Am nächsten Tag aus der Form lösen. **4) ➵** Die Butter mit dem Vanillezucker und dem Puderzucker schaumig schlagen. Nach und nach den Frischkäse unterrühren. Den Kuchen zweimal waagerecht durchschneiden, den unteren Boden mit der Creme bestreichen, den zweiten Boden daraufsetzen, wieder mit Creme bestreichen und den dritten Boden daraufsetzen. Die Torte mit der restlichen Creme rundherum bestreichen. **5) ➵** Den Ingwer in Streifen schneiden und die Torte mit den Ingwerstreifen und den Nüssen garnieren.

VICTORIA-SPONGE-CAKE

Der luftige, mit Sahne und Marmelade gefüllte Biskuitkuchen wurde nach Königin Victoria benannt, die ihn gerne zu einer feinen Tasse Tee genoss.

➤ **FÜR 1 SPRINGFORM (Ø 20 CM)**

Für den Teig:
200 G BUTTER
200 G ZUCKER
1 EL VANILLEZUCKER
3 EIER
½ TL GERIEBENE
ZITRONENSCHALE

200 G MEHL
1 EL SPEISESTÄRKE
2 TL BACKPULVER
2–3 EL MILCH

Für die Füllung:
100 G SAHNE
½ TL PUDERZUCKER
2–3 EL JOHANNISBEERGELEE
PUDERZUCKER, ZUM
BESTÄUBEN

1) ➤ Den Backofen auf 180 °C Ober- und Unterhitze vorheizen. Den Boden der Springform mit Backpapier auslegen. **2)** ➤ Die Butter mit dem Zucker und dem Vanillezucker schaumig schlagen. Die Eier nach und nach hinzufügen und weiß-cremig rühren. Die Zitronenschale unterrühren. Das Mehl mit der Stärke und dem Backpulver mischen, auf die Schaummasse sieben und mit der Milch unterrühren. **3)** ➤ Den Teig in die Form füllen, glatt streichen und im Backofen 40–50 Minuten lang backen. Falls er zu stark bräunt, rechtzeitig mit Alufolie abdecken. Herausnehmen, aus der Form lösen und auskühlen lassen. **4)** ➤ Die Sahne steif schlagen und den Puderzucker unterrühren. Den Kuchen einmal waagerecht durchschneiden, sodass sich zwei Böden ergeben. Den unteren Boden mit der Schlagsahne bestreichen. Den oberen Boden auf der Schnittfläche mit dem Johannisbeergelee bestreichen und auf die Sahne legen. Mit Puderzucker bestäuben.

VERLAGSGRUPPE PATMOS

PATMOS
ESCHBACH
GRÜNEWALD
THORBECKE
SCHWABEN

Die Verlagsgruppe
mit Sinn für das Leben

FSC
MIX
Papier aus verantwor-
tungsvollen Quellen
FSC® C043106
www.fsc.org

Für die Schwabenverlag AG ist Nachhaltig-
keit ein wichtiger Maßstab ihres Handelns.
Wir achten daher auf den Einsatz umwelt-
schonender Ressourcen und Materialien.

Gestaltung: Finken und Bumiller, Stuttgart
Umschlagabbildung: StockFood/Eising
Studio – Food Photo & Video
Druck: Grafisches Centrum Cuno
GmbH & Co. KG, Calbe
Hergestellt in Deutschland
ISBN 978-3-7995-1009-7 (Print)
ISBN 978-3-7995-1081-3 (eBook)

Bildnachweis:
Alle Bilder © StockFood und die folgenden
Urheber: S. 7: Jalag/Wolfgang Schardt; S. 9:
Oliver Brachat; S. 11: Barbara Djassemi;
S. 12: Rua Castilho; S. 4 mi. re., S. 15: Louise
Lister; S. 17: Bauer Syndication; S. 4 o. re.,
S. 18: Martina Schindler; S. 4 mi. li.,
S. 21: John Hay; S. 23: Charlotte Tolhurst;
S. 24: Eising Studio – Food Photo & Video;
S. 27: Eising Studio – Food Photo & Video;
S. 29: Gräfe & Unzer Verlag/Anke Schütz;
S. 30: House & Leisure; S. 4 o. li., S. 33:
Danny Lerner; S. 35: Rua Castilho; S. 4
u. li., S. 37: Gräfe & Unzer Verlag/Thor-
sten Suedfels; S. 38: Bauer Syndication;
S. 41: Marian Montoro; S. 43: Shaun
Cato-Symonds; S. 44: Maja Smend;
S. 47: Andrew Young; S. 49: Rua Castilho;
S. 4 u. re., S. 51: Bauer Syndication; S. 52:
Bauer Syndication; S. 54: Robert Morris;
S. 57: Helen Cathcart; S. 59: Bauer Syndi-
cation; S. 60: Mark Thomas; S. 63: Stuart
MacGregor.
Rezepttexte: StockFood-Rezepte-Team
(Elisabeth Gerich, Kathrin Ertl und Bärbel
Schermer)